EL SONIDO DE LAS SEIS SÍLABAS

.

EL SONIDO DE LAS SEIS SÍLABAS

Marco Ornelas

.

Valparaíso
EDICIONES

Número 395 de la Colección VALPARAÍSO DE POESÍA
dirigida por FEDERICO DÍAZ-GRANADOS

Diseño y maquetación: Chari Nogales
www.charinogales.com @chari_nogales

Primera edición: enero de 2024

© De los poemas: Marco Ornelas
© Valparaíso Ediciones

C/ Fray Leopoldo, 7 Bajo 18014 Granada
www.valparaisoediciones.es
ISBN: 978-84-10073-19-7
Depósito Legal: GR 1958-2023

Impreso en España - *Printed in Spain*
Gráficas Gami

La escritura es inseparable del devenir;
escribiendo, se deviene–mujer, se deviene–animal o vegetal,
se deviene–molécula hasta devenir–imperceptible.

GUILLES DELEUZE

Después de los 7.500 metros de altura,
el cuerpo humano accede a la "zona de la muerte".

Parece como si la montaña, a tal elevación, resistiera
la conquista;

ante sí, solo es una forma misteriosa e ingobernable.

La creación de poemas
representa más que sólo técnica;

forma de metafísica superior
a cualquiera otra
de las artes:

revelación de la verdad.

Más allá de la altivez de la ciencia;

en el límite de las alturas:

no existe colonización alguna.

La poesía es una forma del misterio.

¿Existe algo más estimulante para un
alpinista que coronar el techo del mundo?

*La profecía de Nietzsche se hizo realidad:
todo se ha vuelto nihilismo.*

Escalar la diosa madre es un acto
irracional. Locura: la-cura.

El poeta mago que anhelaba ser
Huidobro
ha sido reemplazado por el
lingüista;

maquinaria de palabras
completamente comprensible
en su estructura y elaboración es
el poema.

Aún a sabiendas de lo peligroso, he decido subir. ¿Qué más puedo perder?

.

La poesía ha dejado de ser rito y misterio para transformarse en un artefacto lingüístico.

Esta es la cronología inexacta de alguien que pretende escuchar el mensaje.

¿Dónde se originó la ruptura con el misterio?

Dicen los filósofos que fue en la Modernidad;

con la exacerbación de la técnica y la razón instrumental.

¿Por qué subes? "¡Porque está ahí!"
Vaya respuesta arrogante.

Hoy, escalar la gran montaña es una
extensión del espectáculo.

Diferentes operadores turísticos ofrecen
 paquetes para el ascenso.

La *National Geographic* ha publicado
una foto del tráfico de alpinistas haciendo
fila a metros de la cumbre.

La petulancia tecnológica nos ha hecho
creer que somos capaces de todo.

Como sea, la montaña ha cobrado la vida
a varios.

En el ascenso, la montaña es un fantasma:
aparece
y
desaparece.

El frío,
la falta de oxígeno
y
el cansancio

derrumban la perspectiva.

A lo largo del recorrido cohabitan los cadáveres —cada osamenta cuenta la historia de su orgullo—.

Acontecido el quiebre,
la creación poética se multiplicó

alejándose así

de la soberbia del pensamiento
único (occidental).

La Poesía con mayúscula cedió
el paso a la(s) poesía(s).

La concentración impide gozar el paisaje.
Subimos
para
b
a
j
a
r.

La bajada: el verdadero recorrido.

A los 8.848 metros de altura,

el cuerpo es un agonizante;

el "Oscuro de Éfeso" lo sentenció:

"Vivimos de muerte y morimos de vida".
 Perplejidad, el nombre para este ascenso.

¿Qué nos quiere decir?

¿Acaso la montaña guarda un mensaje?

El místico agrimensor, Jondkar Robbani, creyó que sí,
que el pico XV guardaba un secreto, y no sería revelado,
sino aquel que pudiera hacer cumbre sin artificio alguno.

Vida: mensaje; muerte: mensaje.

Los bengalís creyeron en este ocultamiento
que trasmitieron a los sherpas nepalís
y estos, a su vez, a los
tibetanos.

Fue en el comienzo
con los griegos

y hasta la Ilustración,

cuando la Poesía
fue rito y misterio
que sólo el Bardo
podía ejercer.

En 1855, un pequeño grupo de monjes tibetanos abandonaron la orden para practicar libremente, como montañistas, las creencias influenciadas por Robbani.

Se les llamó:

"Yārā
pāhāṛēra
kathā
śōnē.[1]

Qomolangma.

> *El Bardo cantaba y contaba la historia de los pueblos.*
>
> *Hölderlin lo poetizó:*
>
> *es obligación de nosotros, los poetas,*
>
> *permanecer de pie ante las tormentas de Dios....[2]*

---

1   Los que escuchan a la montaña.
2   Wie wenn am Feiertage (*Como en día de fiesta...*).

¿Qué significa subir?

*La triada de la Modernidad
(Filosofía-Religión-Arte)
tenía como fin alcanzar el
absoluto.*

*Hegel
consideraba la poesía como la
expresión del Espíritu en sí
mismo.*

*Eliot fue por ese camino y
La tierra baldía fue su
poema crítico;*

*nostálgico de todo lo que ha
dejado
de ser el arte y la poesía.*

Llegué al pie de la montaña
con muchas preguntas
y la vida en pedazos.

La doctrina ancestral
me esperaba inmóvil.

Ahí, en el punto

donde

se erige la diosa madre
dos pájaros volaron ante mi mirada.

Nunca antes había sentido la presencia de la muerte.

No la vi.
Juro que la escuché.

Fue como si la voz estuviera dentro de mí.

Un desconocido monje de ojos brillantes me contó
la historia de la montaña
 y su secreto.

¿Qué significa escalar?

Es en esta transformación
que la poesía (en plural) da un
viraje hacia la introspección
y se vuelve crítica:

medusa de sí misma.

¿Acaso los montañistas son el culto
originario?

*Ahora los poetas no son bardos,
sino sátiros;*

*no escriben épicas sino
manifiestos
y críticas sobre la tradición
poética.*

¿La subida es, acaso, la metáfora del gran viaje iniciático?

¿Morir en el punto más alto es
alcanzar
el clímax absoluto?

¿Dónde se escucha la Otredad?

Creen los budistas que morir es renacer

y vivir, escuchar
(¡pocos escuchan!).

Lasha, ciudad iluminada;

Lasha, ciudad de dioses;

Lasha, ciudad sagrada.

Aquí es donde George Steiner
cuestiona a T.S. Eliot y
pregunta:

¿Qué utilidad tuvo la cultura
cuando
llegó la barbarie?[3]

---

3   George Steiner. *El Castillo de Barba azul*. España. Ed. Gedisa. 2013.

Senderistas,
yaks,
monjes y
sherpas.

¿Qué se puede decir de la Otredad?

Para lo desconocido no existe palabra;

el mantra
es el vehículo.

¿Qué poema inmortal detuvo…
o mitigo
alguna vez el terror …?[4]

---

4   *Ibídem.*

El que clama invoca,

es en la desesperación
que despertamos.

La montaña: el más grande signo.

Caminar,
subir,
bajar,
peregrinar:

Homo viator.

Lam Rim.

¿Por qué deseas subir?

Lam Rim.

Necesitas una lámpara,
necesitas una lámpara
y custodiar la puerta de los sentidos.

¿Estás listo?

(Por el lado izquierdo)

Cuida el asalto del león blanco,
cuida su sigilo;
él es el "espíritu de la montaña".

"Uncia uncia", él es el vehículo.

Nadie lo ha visto.

Ríndete si lo topas en tu camino.

Escucha, escucha su silencio.

*Con el desmoronamiento de la
Modernidad,*

*los poetas se dividieron
en dos grupos:*

*los defensores del bardo y sus
críticos: los sátiros.*

Dijeron los sátiros:

si la poesía ya no es un mensaje cifrado, se acabó la
trascendencia de la misma;

dejemos atrás las imposturas en el trabajo de la escritura.

Ahora el oficio del poeta
será depurar los residuos
de superstición
que heredó de la tradición metafísica.

La crítica y la carcajada
además de la búsqueda de los elementos característicos
del poema, tales como:

el ritmo y la imagen

serán la esgrima

y el discurso a seguir.   .

Hasta el Romanticismo,
el poeta y su entorno hicieron comunidad.

El poeta cantaba y contaba,
y, al hacerlo
formaba parte de su sociedad.

Así, el modelo del bardo fue bien recibido;

pero con el rompimiento con el misterio,

el que ganó la significación fue el poeta sátiro.

Ya no más poemas trascendentales
sino postmodernos, o
como diría Bauman:

(poemas) líquidos.

En este contexto los poetas contemporáneos le exigirán
a la poesía
que dé el salto que dieron
las artes plásticas.

La poesía contemporánea es un discurso nuevo para la elaboración de poemas.

La nueva poesía es experimentación: laboratorio.

El postpoeta lo que debe construir son artefactos lingüísticos para la sociedad contemporánea.

La poesía debe estar a la altura de las circunstancias;

no ha dado el salto que dieron en su mayoría las demás artes hacía la sociedad digital.

Nicanor Parra describió bien el paralelismo de la poesía tradicional con la física newtoniana y la postpoesía; con las vanguardias y la física relativista.[5]

5   Agustín Fernández Mallo. *Postpoesía*. España. Ed. Anagrama. 2009.

Cuando asciendes,
solo escuchas tu respiración:

inhalar,

    exhalar.

        Pensar: escuchar la voz
        —propia—.

        Duchamp fue el profeta de lo
        que vendría.

El bullicio confunde.

*Los poetas deben ser críticos con
su arte,
no seguir instructivos:*

deconstruir.

Abrir el camino.

¿Se puede cartografiar
el recorrido?

No. La montaña
siempre es otra.

*Derrida, el gran patrono de los
poetas sátiros.*

.

Siente la inmensidad de la montaña
y
la pequeñez de tu pensamiento.

¡No racionalices!

¡Asciende!

El antecedente directo de Duchamp no está en la pintura, sino en la poesía: Mallarmé.

La obra gemela de El gran vidrio *es* Un coup de dés *(…).*[6]

6   Octavio Paz. *Apariencia desnuda*. México, D.F. Ed. Era. Sexta reimpresión, 2018.

Intérprete:

¡Shhh!

¡Trasmite el mensaje!

Quien guarda silencio

no enmudece,

se sitúa en la experiencia

originaria de la vida

y funda,

da:

el nombre.

Escuchar la montaña es

convertirte en la montaña;

ser su quietud.

Cuando seas uno con la

montaña,

la montaña te hablará,

conocerás

su secreto.

Umm,
jhuuu.

Umm,
jhuuu.

Umm,
jhuuu.

Umm,
Jhuuu.

*El post-poema (o artefacto
lingüístico) es un ensamblaje
que utiliza todo aquello que tiene
a su alcance.*

Al dilema de Adorno de no

escribir poesía después de
Auschwitz,[7]
la postpoesía responderá con
burla,
desacralización e ironía
(recordemos: el misterio es
superchería).

Con el derrumbe de las utopías,
el chiste
y la burla
desplazaron a lo trascendental;

los procedimientos y
el ensamblaje
a la (diosa) inspiración.

La postpoesía pretenderá
disolver al antiguo
yo poético;

fusionar los géneros literarios,

descubrir nuevos ritmos:

experimentar
antes que repetir.

---

7   Theodor. W. Adorno. *Crítica de la cultura y sociedad I*. España. Ed. Akal. 2008.

Así, la función del postpoeta será
la de construir artefactos
que fluyan desde
y para la sociedad
contemporánea
especializada o
academicista.

¿Cómo negar que la
materialidad de
la palabra en la poesía abrió un
caudal
muy fértil para el trabajo del
poeta?

¿Cómo negar también que este
discurso
ha llegado a su límite?

Un novelista,
que no poeta,
han puesto el dedo en la llaga
sobre este tópico de hartazgo
en la poesía.

Escribe:
Que me disculpen los poetas.
Yo no los ataco para molestarlos
y gustoso tributaré
homenaje a los altos valores
personales de muchos de ellos;

sin embargo, ya se ha colmado el
cáliz de sus pecados.
Hay que abrir las ventanas de
esta hermética casa
y sacar a sus habitantes al
aire fresco, hay que sacudir la
pesada,
majestuosa y rígida forma que
los abruma.[8]

Onanistas les llaman a los
poetas

que llenan páginas

y páginas

con sus naderías.

Stéphane Mallarmé fue genial
no así sus epígonos.

Marcel Duchamp fue genial
no así sus epígonos.

El resultado de imitar a los
inimitables es
el fracaso.

Mallarmé y Duchamp no

---

8   Witold Gombrowicz, *Contra los poetas*. España. Ed. Sequitur. 2009.

crearon recetas sino
mundos inimitables.

El fin último de todo poeta es
descubrir su univocidad,

hacer discurso; reflexionar sobre
el trabajo propio.

Son los epígonos de las voces
únicas los que
han llevado el discurso de la
materialidad en la poesía
a su fin.

Los verdaderos poetas no
necesitan seguir los fundamentos
sobre la poética.
No se propone escribir a partir
de las poéticas clásicas
o de cualquier otra poética,
sino a partir de la reflexión del
poeta sobre su propio
trabajo poético.[9]

---

9 Dyma Ezban. *El habla del ángel*. España. Ed. Altera. 2005.

¿Cuál es tu Interrogación?

Nadie la contestará por ti.

Esa es tu escalada.

Escudriña,
escuchando:
¡calla!

Trasmite el mensaje.

*Es en este mar donde muchos
poetas saldrán a
buscar tierra firme en discursos
radicales.* .

*Otros,
con gran escándalo,*

*buscarán el regreso de los
griegos y de las poéticas clásicas.*

Los moderados
seguiremos creyendo en el
misterio.

Veremos
la poesía como

acontecimiento.

Acontecimiento
que le dice a la comunidad
sin olvidar que en el poema
convergen tres discursos:
la imagen, el ritmo y también el
pensamiento.

El poeta escribe para
él (otro).

Wittgenstein
escribió:

Disponemos (por así decirlo)
únicamente del lenguaje, y no
podemos elevarnos ni descender
por encima o por debajo de él.[10]

Siguiendo a Auden,

---

10   Ludwig Wittgenstein. *Investigaciones filosóficas*. España. Ed. Trota. 2017.

creo que la poesía es el más
íntimo de los diálogos con el
otro.

Escribimos poesía

porque queremos trasmitir al otro
una
emoción

que poco tiene que ver con el
sentimentalismo del yo
(ahora disuelto).

La poesía es el puente
—en el abismo—
que nos acerca al misterio.

¡No lo sé!

7.500 METROS
DE ALTURA.[11]

¿Qué escuchas?

Un niño llora.

¿Qué ves?

Árboles que se apagan;

el sol reposa sobre
el abismo.

---

11   La Puna o Psicosis de gran altura suele ocurrir a más de 7.500 m.
y se manifiesta como alucinación extrema.

LIBERACIÓN A TRAVÉS DE LA AUDICIÓN

Lo anónimo es
la potencia,

el misterio que impulsa
hacia la obra,

la fuerza de no;

resistencia que lo
individual opone
a lo impersonal.

El rasgo que se carga
firmemente.

Que resiste a la marca
de ˙
la expresión.

El carácter de la obra no
depende de lo impersonal

de la potencia fértil,

sino de eso que resiste
y lucha con ella.

La fuerza de no, la
potencia y la forma a
través de su resistencia.

La forma no se opone al
estilo, sino que
milagrosamente en
ocasiones la resalta.[12]

Que pueda reconocer los
sonidos como mi propio
sonido;

que pueda reconocer las
luces como mi propia
luz;

que pueda reconocer mi
conciencia unida al todo.

---

12 Giorgio Agamben. *Creación y anarquía*. Argentina. Ed. AH. 2019.

Que los Buddhas
desplieguen el poder de
su compasión para que
los terrores del bardo no
te asalten.

... Ahora que los sonidos
del Absoluto son como
un millar de truenos,

que todo se convierta en
el sonido de las seis
sílabas. [13]

13   Bardo Thödol (El libro tibetano de los muertos).

Om	ༀ
Ma	མ
Ni	ནི
Pad	པ
Me	མེ
Hum	ཧཱུྃ

Donde el montañista
deviene

        en monje y el monje
        deviene

                en poeta y el poeta
                deviene en voz:

.

Su

          su

              rro

                    .

                    .

                    .

EL SONIDO DE LAS SEIS SÍLABAS
se terminó de escribir en abril de 2023.

REFERENCIAS

ADORNO, Theodor. W. *Crítica de la cultura y sociedad I*. España. Ed. Akal. 2008.

AGAMBEN, Giorgio. *Creación y anarquía*. Argentina. Ed. AH. 2019.

DELEUZE, Gilles. *La literatura y la vida*. Argentina. Ed. Alción editora. 2007.

EZBAN, Dyma. *El habla del ángel*. España. Ed. Altera. 2005.

FERNÁNDEZ MALLO, Agustín. *Postpoesía*. España. Ed. Anagrama. 2009.

GOMBROWICZ, Witold. *Contra los poetas*. España. Ed. Sequitur. 2009.

HÖLDERLIN, Friedrich. *Poesía completa*. España. Ed. Ediciones 29. 1977.

PAZ, Octavio. *Apariencia desnuda*. México, D.F. Ed. Era. Sexta reimpresión, 2018.

STEINER, George. *El Castillo de Barba azul*. España. Ed. Gedisa. 2013.

THÖDOL, Bardo. *El libro tibetano de los muertos*. España. Ed. José J. de Olateña. 2006.

WITTGENSTEIN, Ludwig. *Investigaciones filosóficas*. España. Ed. Trota. 2017.

ÍNDICE